अल्फ़ाज़ के परिंदे

भावनाओं को समेटती कुछ कविताएं

अनीला बत्रा पाहवा

BookLeaf Publishing

India | USA | UK

Made with ❤ on the BookLeaf Publishing Platform
www.bookleafpub.in
www.bookleafpub.com

Dedication

मेरी प्रिय माँ, मेरे जीवन साथी और प्यारी बेटियों को समर्पित।

Preface

मन के भीतर जब एहसासों का बवंडर उठता है तो क़लम शब्दों के माध्यम से कागज़ पर भावनाओं के मोती पिरोने का कार्य करती है। कविता लिखी नहीं जाती बल्कि यह स्वाभाविक रूप से हृदय के भावों को अभिव्यक्त करती है। 'अल्फ़ाज़ के परिंदे' भी मेरी भावनाओं के ऐसे मोती हैं, जिन्होंने काव्य संग्रह के रूप में अपने नन्हे कदम साहित्य जगत की ओर इस आशा से बढ़ाए हैं कि इसे पाठकों का प्रेम मिलेगा। मेरी कविताएं महज मेरी काल्पनिक उड़ान हैं और किसी से इसका मेल खाना इत्तेफ़ाक ही माना जाए। मेरी कविताएं जहाँ रिश्तों के माधुर्य को अपने में समेटे हैं, वहीं उनकी स्मृतियों की भावुकता से परिपूर्ण भी हैं। एक ओर यदि नारीत्व से भरी हुई कविताएं भी हैं, तो दूसरी ओर स्त्रियों के सम्मान की अपेक्षा रखते हुए अल्फ़ाज़ भी हैं। प्रकृति का सौंदर्य भी कविता में झलकता है और भारत के वीरों की कुर्बानियों को प्रणाम भी कविता करती है। ईश्वर से प्रार्थना भी करती है कि संसार को पाप मुक्त कर दें। उम्मीद करती हूं कि मेरे प्रथम प्रयास को आप सबका स्नेह प्राप्त होगा।

Acknowledgements

आठवीं कक्षा में प्रवेश के बाद सहज ही भावनाएं अल्फ़ाज़ों का रूप ग्रहण करने लगी। माता-पिता की प्रेरणा से उन्हें डायरी में समेटना शुरू किया। स्कूल में मेरी केंद्रीय विद्यालय की हिंदी विषय की अध्यापिकाएं डॉक्टर जसवंत मिन्हास, श्रीमती सरला धर, अंग्रेजी अध्यापक श्री आर.एस. संदल मेरे पथ प्रदर्शक रहे और राजकीय कॉलेज होशियारपुर के मेरे हिंदी के प्राध्यापक महान लेखक डॉक्टर विनोद शाही के शब्द मेरे अंतर्मन में कहीं गहरे अंकित हो गए कि "अनीला,कभी लिखना मत छोड़ना।" पत्र-पत्रिकाओं में कविताएं, लेख, कहानियाँ छपती रही। इस प्रथम एकल काव्य संग्रह को प्रकाशित करवाने की प्रेरणा मेरी प्रिय माँ श्रीमती संतोष बत्रा, हर सुख-दुःख में मेरे संबल मेरे जीवन साथी श्री लवकेश पाहवा और मेरी प्यारी बेटियों डॉक्टर आँचल पाहवा और दीया पाहवा की रही, जिन्होंने न केवल मेरे भीतर छिपी कवयित्री को हमेशा प्रोत्साहित किया बल्कि अपने सुझावों से मेरी लेखनी को परिष्कृत भी किया। अंत में बुक लीफ़ प्रकाशन का हार्दिक आभार जिन्होंने मेरी लेखनी को आप सब तक पहुंचाने में सहायता की।

1. कविता को कभी मरने नहीं देंगे

जब आँखों की कोर तक रुका हुआ पानी...
बाहर आना चाहता है पर आ नहीं पाता।
तो अनायास वह रूप ले लेता है क़लम का।
शब्दों की निर्झरी बह उठती है
और समेट लेती है अपने भीतर
हर पढ़ने वाले की रूह को।
जब इस निष्ठुर दुनिया में कोई अपना सा नहीं लगता,
तो छिपा हुआ कोई अनजाना दिखाई देने लगता है कागज़ पर
मानो समा जाना चाहता हो आपके भीतर।
ऐसा नहीं है कि हमेशा दर्द ही उभरता है पन्नों पर।
रिश्तो का माधुर्य जब आह्लादित कर जाता है..
तो दूसरों को भी शामिल करना चाहता है, अपने आनंद की पराकाष्ठा
में।
ऐसे में जन्म लेती है एक कविता..
और युगों युगों तक अपना अस्तित्व कायम रखती है।
कवि हृदय हौले से मुस्कुरा देता है,
क्योंकि उसे पता है कि इस दुनिया में उसके जैसे और भी दीवाने हैं,
जो कविता को कभी मरने नहीं देंगे।

2. माँ

माँ....
कितना वात्सल्य, कितना समर्पण,
कितना स्नेह भरा है,इस एक शब्द में।
अपने अस्तित्व को भुला कर,
अपने स्वाभिमान को बहला कर,
कितनी ही बार समझौता कर लेती है।
सुन लेती है सबकी बातें मुस्कुरा कर
दिल पर कम ही लेती है, है न?
नए ज़माने के साथ चलने की कोशिश,
करती है बेशक, पर पुराने संस्कार भूलती नहीं।
किसी न किसी रूप में हमें भी बाँध देती है
पुराने रिवाज़ों से और खुश हो जाती है।
जब हम भी नवरात्रों में आरती का थाल,
माँ से लेकर दुर्गा माँ के सामने झुकते हैं,
तो गौरवान्वित हो आँखें नम करती है।
मानो अपने जीवन मूल्यों की झलक
बच्चों में देख खुद को शाबाशी देती है।
ऐसी भोली होती है माँ !
सिर्फ नौ दिन नहीं बल्कि मेरे साथ
पल पल जुड़ी है मेरी प्यारी माँ

और उसके हर रूप में मानो मैं
तुम्हारे ही नौ रूपों को पा जाती हूँ।

3. राखी का धागा सजता रहे

जब हाथ में पकड़ी राखी तो एक मुस्कान सी खिल गई।
मैं पगली पल में मानो अपने बचपन में चली गई।
कभी खेल-खेल में रूठ जाना और कभी छम-छम बारिश में नहाना।
कभी अचानक मुझसे कुछ छीन कर तुम्हारा झट से भाग जाना।
इतने सालों में न जाने क्यों ज़िंदगी ही बदल गई।
अब तो भाई मुलाकात हमारी राखी के त्योहार पर सिमट गई।
कभी सोचती हूँ उन बीते पलों के बारे में तो पलकें भीग भीग जाती हैं।

क्यों आखिर बहनें अपने ही घर में मेहमान बन कर आती हैं।
वो भी क्या दिन थे जब एक-दूजे के पीछे भागा करते थे।
अब तो मेरे बालों में भी चाँदी जैसे पिघल गई,
बचपन की बहना अब बुआ के रूप में बदल गई।
दुनिया भर के रिश्तों में यह रिश्ता ऐसा अनोखा है,
रोज मिलें न मिलें पर कुछ दिल को छूता रहता है।
तुम जियो हज़ारों साल भाई फिर दुआ दिल से निकल गई,
फिर एक बहना देखो आज भावुक होकर पिघल गई।
यह रिश्ता हमारा बना रहे यह प्यार यूं ही बढ़ता रहे,
तुम छू लो चाँद सितारे भाई यह राखी का धागा सजता रहे।

4. एक खूबसूरत एहसास

अपने बारे में क्या कहूँ ?
ख़्वाबों की पोटली को सीने से लगाए,
बचपन की दहलीज़ को लाँघ,
जवानी की ओर कदम बढ़ाए,
आज उस मुकाम पर आ पहुँची हूँ
जहाँ निगाहें सुकून से पीछे मुड़ कर देखती है उस लंबे रास्ते को,
जहां कभी वक्त ने काँटे
तो कभी फूल बिछाए।
औरत होना एक खूबसूरत एहसास है,
अपने ख़्वाबों को पूरा करने का जज़्बा,
उससे भी खूबसूरत कशमकश।
ज़िंदगी के संघर्षों से जूझते हुए,
मैं एक मुकम्मल औरत हूँ या नहीं
कह नहीं सकती।
पर जब कुछ स्नेह पूर्ण आँखों में,
अपने लिए प्रेम देखती हूँ,
तो बार-बार अपने इष्ट का धन्यवाद करती हूँ।
नहीं जानती,
क्या लिखा है भविष्य के गर्भ में,

पर अतीत में जो कुछ खोया जो कुछ पाया,
वही है आज मेरा सरमाया
और मैं गर्व से कह सकती हूँ,
मैंने एक गौरवान्वित औरत का जन्म पाया।

5. आ जाओ न मेरे राम

कभी कभी सोचती हूँ मैं
इतना धैर्य, इतना संतोष
कैसे था आप में मेरे राम?
बचपन से प्रेम में पले
ममता के झूले में झूले।
फूलों से भी नाज़ुक थे
पर चट्टान से भी दृढ़।
हर विपदा में स्वयं आगे
भाइयों की रक्षा में खड़े।
पिता के एक वचन का
करने पालन वन को चले।
ज़रा भी मोह न था
क्षणिक भी सोचा नहीं।
सब त्याग दिया पल में
अनिश्चित भविष्य के लिए।
क्षमा आपका सर्वोत्तम गुण
कितना कठिन उसका पालन।
मर्यादा के लिए छोड़ दिया
प्राणप्यारी सीता को।
सोचो कितना व्यथित मन

होगा उस महामानव का।
जिसके बिन जीना दुष्कर
उसके बिना काटा जीवन।
आज कहाँ हो राम मेरे?
कई मात - पिता अपमानित
दर - दर भटकें अश्रु बहाते।
सम्पत्ति की खातिर आज
भाई - भाई को भूल करें विवाद।
पल में विस्मृत बचपन का प्यार
वो शरारतें वो लाड़ प्यार।
दहेज की खातिर जलती
अनगिनत सीता आज
कभी ऐसिड, कभी दुराचार
कंपा जाता है अत्याचार।
आ जाओ न मेरे राम!
फिर से जन्म लो एक बार
फिर अयोध्या में हो त्योहार।
मंगल गाएं हम मिलकर
शुद्धता का हर ओर प्रसार।
जय श्री राम के उद्घोष में
हर लो हमारे कष्ट अपार।
हर प्राणी सुखी हो भगवन्
मंगलमयी सारा संसार ।

6. लड़कियाँ बहुत प्यारी हैं

माँ का स्पर्श पाने को लालायित थी।
पिता की बाँहों में झूला झूलने
की ईश्वर से फरमाइश थी,
फिर वह दिन भी आया,
जब मेरा जन्म हुआ
और मैं मुस्कुराई
पर लगता है,
कुछ लोगों की आँखों को मैं न भाई।
समझ न पाई आखिर,
ऐसा क्यों मेरा स्वागत हुआ।
मैं तो हूँ बहुत ही प्यारी,
जैसे सफेद सी रूई,
पर मेरे माता-पिता ने मुझको
सिर आँखों पर बिठा लिया।
ताने सुने न दुनिया के
बस मेरा हर पल दुलार किया।
जो भी माँगा मैंने मुझको
हरदम वह तैयार मिला।
मुझको दुनिया भर में शायद,

सबसे ज्यादा प्यार मिला।
मैं आगे ही बढ़ती गई
और हर ख़्वाहिश अपनी पूरी की।
आज मैं छू सकती हूं आसमान
और समेट सकती हूँ
हर खुशी को अपनी बाँहों में।
आगे ही बढ़ती जाती हूँ
चाहे काँटे हो राहों में।
मेरी प्यारी माँ और पापा ने
यदि मुझे हंसना सिखाया,
तो आज मैं पहुंची हूं वहाँ पर,
जहाँ कोई पहुँच न पाया।
लड़कियाँ बहुत ही प्यारी हैं,
इनको बहुत ही प्यार करो।
घर आँगन को खुशियों से भर देंगी,
इनको हमेशा ही दुलार करो।

7. फिर याद आई बचपन की दीवाली

वह भी क्या दिन थे
अल्हड़ मस्त बेफ़िक्र
दीवाली से दस दिन पहले ही
मन उत्साहित हो उठता था।
घर की सफ़ाई हो जाती शुरू
माँ घर को संवारती,
पिताजी बाहर संभालते।
रंग बिरंगे दीए रंगते,
खुद को हम चित्रकार समझते।
नए कपड़े सिलवाते,
हम खुद पर ही इतराते।
रंग बिरंगी लड़ियों से
घर का आँगन जगमगाता।
दीवाली के दिन तो
मन और उत्साहित हो जाता।
महालक्ष्मी की पूजा करते
फिर थाल में दीए सजाते,
रंग बिरंगी मोमबत्तियों से
घर का रूप सजाते।

घर में बनी हुई मिठाइयाँ
पड़ोस वाली आँटी को देते।
उनके पकवान भी प्यार से
हम सब मिल बाँट के खाते।
फिर दौर शुरू होता पटाखों का
डरते - डरते धूम मचाते
कभी चकरियाँ, कभी साँप,
इनसे ही खुश हो जाते।
आस पड़ोस की सारी सखियाँ
मिल बाँट के उत्सव मनाती।
आधी आधी रात तक
महकती और खिलखिलाती।
हर लड़की खुद को राधा समझती,
लड़के मोहन बन इतराते।
नंद महर और यशोदा मैया के
लाड प्यार में दीवाली मनाते।
कहाँ गया वह धूम - धड़ाका
जब परिवारों में प्रेम बड़ा था
होली हो या दीवाली हो,
मन में सबके उत्साह बड़ा था।
न ईर्ष्या द्वेष की बातें थीं,
न जाति-धर्म का कोई वैर था।
हर त्योहार मिलकर मनाते थे
सारा भारत अपना लगता था।
अब लगता है जैसे बड़े होकर,
कोई अनमोल खज़ाना खो बैठे हैं।

बचपन की दीवाली की वो रातें,
अब तो जैसे सब सपना लगता है।

8. नारी होना कैसा है?

किसी नारी से पूछो कि नारी होना कैसा है?
समाज में हर वक़्त, हर लम्हा सहमा होना कैसा है?

मंज़िलें छूने की आकाँक्षा मन में रहती है हरदम,
उन्हें पाने के जुनून में कोशिशें करना कैसा है?

सुबह से शाम तक वारती है अपना सर्वस्व जो,
फिर भी हंसती हुई निगाहों का वार सहना कैसा है?

पिता की लाडली बन बचपन में नाज़ों पली थी जो,
आग की लपटों में जल कर उसका तड़पना कैसा है?

स्वाभिमान से जीना चाहती है अपने दम पर जो,
निर्भया बनके उसका जीते जी मर जाना कैसा है?

फख़्र से बन के मिसाल जो नाम सबका रोशन करे,
फिर भी रंग-रूप के ताने सुनकर जीना कैसा है?

सुनो रे दुनिया वालो ! नारी तो नर की पूरक है,
फिर भी तुम्हारा उसके प्रति व्यवहार कैसा है?

उसे भी प्यार और सम्मान दो ताकि महक सके,
बिन उसकी सुगंधि के बताना गुलिस्तान कैसा है?

९. यादों का दीया

चक्षु चुपके से नीर बहा देता है,
पर दर्द मुझे चट्टान बना देता है।
शिकवा न गिला किसी से मुझे,
तेरा अहसास ग़म भुला देता है।

कितने इम्तिहान ज़िन्दगी लेती है,
कितने ही पल रुला भी देती है।
एक विश्वास है जो बचा लेता है,
हर दर्द मुझे दवा भी दे देता है।

जब भी लड़खड़ाने लगती हूँ मैं,
तेरी यादों का दीया थाम लेता है,
मेरी राहों के काँटों को चुनकर
कोमल से सुमन बिछा देता है।

फिर तुम्हारी याद उभर आई है,
मेरा बचपन मुझे पुकार लेता है,
तुम नहीं हो बाबुल, जानती हूँ,
हृदय फिर भी तुम्हारा नाम लेता है।

10. आभास

आज अनायास याद आ गया
घर के बाहर लगा चमेली का वह पौधा।

बहुत प्यार से हर रोज़ पानी देते
उस छोटी सी क्यारी को सजाते-संवारते
मेरे पिता...

फिर जब उस नन्हे से पौधे से सफेद कलियाँ झाँकने लगती,
तो उसकी ताज़गी पिता के चेहरे पर दिखती,
घर का कोना-कोना उसकी सुगंध से महकता।

कली से विकसित होता चमेली का फूल हमें अहसास करा जाता,
पिता के प्यार की सौंधी खुशबू का।

मेरे बाबुल, आज आप पास नहीं हो
पर आज भी महसूस करती हूँ
इन फूलों में आपके स्पर्श का वह नाज़ुक सा अहसास।

मेरे आसपास बिखरे हुए यह असंख्य सुमन

आपके मुस्कुराते चेहरे का आभास दे जाते हैं।
ऐसा प्रतीत होता है मानो आप यहीं हो, यहीं कहीं हो।

11. भारत की नारी

मधुर मुस्कान और कोमल हृदय से जो सबका मन हर लेती है,
अपने गुणों से सबको अपने आँचल में बाँध लेती है।

अपनी इच्छाओं का दमन कर परिवार पर सब कुछ वार देती है,
हर दुःख सह कर भी जो परिवार की तकलीफों को स्वीकार लेती है,
वही तो इस गौरवमयी भारत की स्वाभिमानी नारी कहलाती है।

बदले में कुछ भी माँगती नहीं बस थोड़ा सा सम्मान चाहती है,
उसकी भी इच्छाओं पर कोई न्योछावर हो ऐसी कामना करती है।

मन में सबके लिए अपार प्यार है और बड़ों के लिए सम्मान भी,
वह हमेशा तत्पर रहती है देने को बलिदान भी।

बस नारी के कोमल हृदय को समझो और प्यार दो,
कुछ नहीं चाहती वह बस उसे थोड़ा सा गौरव पूर्ण व्यवहार दो।

12. तुम बहुत याद आते हो

घर भी वही है, दीवारें भी वही बस तुम नहीं...

आज भी माँ की आँखों में तुम्हें देखती हूँ,
अकेलेपन का डर कुछ खोने की तकलीफ़,
जाने कैसे झेलती हूँ..

तुम्हारे पुराने चित्र तुम्हारे वीडियो तुम्हें पास भी लाते हैं,
पर आँखों से बनकर अश्क बह भी जाते हैं..

जब बिखरी माँ को बाँहों में लेकर सहेजती हूँ, समेटती हूँ
तब तुम बहुत याद आते हो..

बाबुल मेरे, तुम लौटोगे नहीं जानती हूँ,
पर फिर भी तुम्हें हर जगह तलाशती हूँ।

13. सावन के झूले

आज अचानक याद आ गए,
सावन के झूले....
जिन पर बैठी बेफ़िक्र मैं,
सखियों संग करती थी अठखेलियाँ।
हाथों में रचती थी मेहंदी,
लाली उसकी मेरे गालों पर....
दूर खड़े पिया मुझे देखते थे एक टक
मुस्कान उनकी देखकर छेड़ती थी सहेलियाँ।
हर तरफ उल्लास था,हर तरफ हरियाली....
प्रकृति के कण - कण में,
मानो ईश्वर का ही निवास था।
सच ही कहा है किसी ने
तीज के त्योहार पर
मुस्कान उसी के चेहरे पर आती है,
जिसके मन में पिया बसे
जो उसके सुख-दुःख के साथी हैं।
पति-पत्नी का रिश्ता तब ही
सात जन्मों का कहलाता है
जब एक के चेहरे की मुस्कान से
दूजे का चेहरा खिल जाता है।

दुआ है ईश्वर से प्रेम धरा पर जीवित रहे,
रिश्तों की गरिमा से हमेशा
भारत भूमि में सुख धारा बहे।

14. अफ़साना बनाना नहीं आता

कौन कहता है मेरी पलकें कभी नम नहीं होती,
बस औरों की तरह मुझे दिखाना नहीं आता।
दर्द जब होता है तो दिल में कैद कर लेते हैं,
लोगों की तरह अफ़साना बनाना नहीं आता।
अपने हिस्से की परेशानियाँ तो सभी सुनाते हैं लेकिन,
किसी और के ग़म को अपना बनाना नहीं आता।
दुनिया तो तमाशबीन है किससे करें शिकायत,
हमें तो दिल के जख़्म दिखाना नहीं आता।
खुदा न करे कभी किसी से फरियाद करनी पड़े,
तेरे दर के सिवा हमको कहीं सिर झुकाना नहीं आता।
मुश्किल घड़ी है यह भी गुज़र ही जाएगी,
हर वक्त हमें आँसू बहाना नहीं आता।
शुक्राना किया करते हैं हमेशा हम तेरा,
तेरी रहमतों को हमें भुलाना नहीं आता।

15. खुलने दो त्रिनेत्र

हर बार दिल में दर्द उठता है
जब भी सुनाई देती है अचानक,
किसी निर्भया की चीखें
और कभी किसी और बिटिया का दर्द..
दरिंदगी की हद पार करते शैतान,
जिन्हें किसी भावना ने छुआ नहीं,
जिनके क्रूर मन में दया नहीं।
सिसक कर दम तोड़ती बेटियाँ..
सहमे सहमे से माता - पिता..
आक्रोश में जीता बेबस परिवार।
कोसता रह जाता है व्यवस्था को,
सजल नेत्रों से प्रतीक्षा करता।
शायद कभी तो वक़्त बदलेगा..
हाँ,ज़रूर बदलेगा।
जागो इंसान ! ख़त्म कर दो शैतानों को।
सरेआम होने दो ताँडव,
खुलने दो त्रिनेत्र..
कि अब सहा नहीं जाता जुल्म।
आज एक बेटी को मिला इंसाफ,
कल हर बेटी जिएगी बेख़ौफ़।

सलाम एक नए सोपान को,
जो बदलेगा ज़रूर इंसान को।

25

16. मैं का अहंकार

अश्कों को लेकर जिए जा रहा है क्यों,
दूसरों की खुशियों में मुस्कुरा कर तो देख,
तेरे ग़म खुद ब खुद ढल जाएंगे।
आँसू के कतरे जो गालों पर थे,
आज नहीं कई सालों से थे,
देखते ही देखते पिघल जाएंगे।
ज़िंदगी में आए हो तो कष्ट भी आएंगे,
बड़ों की चौखट पर सिर झुका कर तो देख,
दुःख के बादल अवश्य ही छंट जाएंगे।
मैं मैं के अहंकार में मैं से दूर हो गए क्यों?
सब कुछ उस एक को सौंप कर तो देख,
काँटे खुद-ब-खुद राहों से हट जाएंगे।
जो है पास उसका शुक्र अदा किया कर,
सुख और ऐश्वर्य तो बेगाना है मान ले,
रेत की मानिंद हाथ से फिसल जाएंगे।

17. मैंने पूछा एक पेड़ से

मैंने पूछा एक दिन,

एक पेड़ से...

थकते नहीं तुम?

दिन भर खड़े रहते हो,

सूरज की तेज धूप को बर्दाश्त करते,

गर्म हवाओं के संताप को झेलते,

फिर अचानक आए तूफ़ान से व्याकुल,

अपनी पत्तियों को स्वयं से अलग होता हुआ देखते।

कितना बर्दाश्त करते हो तुम..

थकते नहीं हो?

पेड़ मुस्कुराया, बोला,

कभी-कभी ऐसा लगता है,

जैसे थक गया हूँ।

पर जब दूर से चला आ रहा पसीने को पोंछता हुआ,

मेरी ओर उम्मीद भरी निगाहों से देखता मुसाफ़िर,

दो पल के लिए,

ठहर जाता है मेरी छाँव तले

और सुकून से साँस लेता है।

उस वक्त लगता है कि

मेरी थकावट पल भर में मिट गई

और मैं फिर मुस्कुरा कर
किसी और पथिक का इंतज़ार करता हूँ।

18. दोस्त

किसी ने पूछा,
दोस्त क्या है?
किसे अपने दिल की बात कहें?
किसको अपने दिल का हाल सुनाएं?
मन सोचने लगा,
दोस्त...
जो बिन कहे ही दिल की बात समझ जाए,
जो हमारी मुस्कुराती आँखों में छुपा पानी बटोर ले जाए।
जो हमारे दुख में हाथ न छोड़े
और
खुशी में संग संग मुस्कुराए।
जो बंधनों में न बाँधे हमें,
आज़ाद रहने दे।
पर अगर कहीं हम उड़ान भटक जाएं,
तो पतंग की डोर की तरह
हमें सकुशल वापस ले आए।
जो केवल दिखाने भर के लिए नहीं,
बल्कि ज़माने भर से हमारे हक के लिए लड़ जाए।
ऐसा दोस्त जिसके दिल में
हमारा राज़ उसी के साथ,

अनंत गहराइयों में डूब जाएं।
क्या ऐसा दोस्त मिल सकता है?
संभव है !!

19. दिल का सुकून पा जाओगे

इस वक्त तो लगता है कि कुछ भी नहीं है..
वीरान सी दुनिया, खामोश सी शाम और
बेगाने से लोग..
लेकिन दोस्त ! हिम्मत करो..
तुम्हारी तकदीर का सूरज भी कहीं चमकने वाला है..
इस शाम के अंधेरे पर न जाओ,
इसके पीछे बहुत खूबसूरत उजाला है..
रूकावटों का क्या है?
वह तो किस्मत है हर इंसान की,
यही तो घड़ी है,
खुद से खुद की पहचान की।
मुंह छुपा कर तकिए में जा बैठे हो,
सिवा आँसुओं के क्या पाओगे?
उठो, निकलो,बढ़ो आगे,
किसी मंज़िल तक कभी न कभी पहुंच जाओगे।
खत्म तो हो ही गई है रूह तुम्हारी,
अब भला और क्या गंवाओगे?
कोशिश तो करो शायद..
दिल का सुकून पा जाओगे।

20. पिघल रही हूँ मैं

पिघल रही हूँ मैं पहाड़ों की तरह...
न जाने कब से जमी हुई थी,
सफेद मखमली बर्फ की तरह,
तुमने छुआ तो ऐसा लगा,
आस-पास का मौसम हुआ बहारों की तरह...
इंतज़ार की घड़ियाँ बहुत लंबी हो गई थी,
उम्मीद ने भी छोड़ दिया था दामन,
पर तुम्हारे कदमों की आहट ने,
मेरे कानों को हौले से चूम कर,
बेहद खुशनुमा बना दिया नज़ारों की तरह...
चलो दूर कहीं चलें क्षितिज के पार,
जहाँ मैं हूँ, तुम हो और हों हमारे एहसास,
जहाँ कोई बंधन न हो दीवारों की तरह...
हाँ, पिघल रही हूँ मैं पहाड़ों की तरह...

21. शहीदों को नमन

कोई सुर्ख मेहंदी लगे हाथों से इंतजार उनका करती होगी,
कोई आने वाली सालगिरह के ख़्वाबों को बुनती होगी।
कोई माँ अपने बेटे के लिए पकवान नये बनाती होगी,
किसी पिता की कमज़ोर निगाहें दरवाजे को तकती होंगी।
वह देखो नन्हा बालक अपने खिलौनों की बाट जोह रहा,
आएंगे उसके पिता एक दिन, ख़्वाब आँखों से बोल रहा।
वह देखो भारत का पहरेदार गर्व से हिम पर खड़ा हुआ,
देश के उज्ज्वल भविष्य को आँखों में ही तोल रहा।
ऊँचा रहे भाल हिंद का, बस दिन-रात कामना करता है,
कभी-कभी अनचाहे, घर की यादों में आँखें भी नम करता है।
ऐसी वीर सेनानी सदा भारत के प्रहरी बन खड़े हुए हैं,
पाई जो आज़ादी मुश्किल से उसकी रक्षा को अड़े हुए हैं।
मिल गई स्वतंत्रता पर आज भी लहू का दरिया बहता है,
इंसान इंसानियत भूल गया पर सैनिक पहरे पर रहता है।
कितने वीर शहीद हुए और न जाने कितने गुमनाम हुए,
आँखों के आँसू भी सूख गए, अखबारों में किस्से आम हुए।
आज नमन करते है शहीदों को, अनंत काल तक अमर रहो,
फिर जन्म लो इस धरा पर, मातृभूमि की रक्षा करो।